新井貴浩物語

がむしゃらに前へ

中野　慶＝作
吉田路子＝絵

南々社

校庭にプラタナスの被爆樹《ひばくじゅ》が何本もある広島市の小学校。

一九八五（昭和六〇）年の春にこの物語は始まる。

「おーいタカヒロ！　おまえら三年でドッジいちばん強いらしいけど、俺らと試合してみんかあっ!?　三年じゃけぇ知れとるじゃろうがのぉ」

五年生のソウスケが、自分よりも大きな三年のタカヒロにドッジボールの決闘《けっとう》を申し込んだ。

「なにいいよるんじゃあ！　受けて立つで！　やったろうじゃないかっ」

でもさすがに相手は二つ年上の五年男子。さっきまで威勢《いせい》のよかった三年生も試合が始まると半べそをかきながら内野を右往左往《うおうさおう》している。

仲間はみるみる減って、気がつけばタカヒロ一人になっていた。

「へっへっへっ、やっぱ口先だけじゃのぉ」

ソウスケの一言は、負けずぎらいのタカヒロをとことん奮起《ふんき》させることになった。

「くっそー、エース北別府《きたべっぷ》投手《とうしゅ》のストレートを受けてみいっ！」

窮地《きゅうち》に立たされた執念《しゅうねん》の剛速球《ごうそっきゅう》は、五年の猛者《もさ》を次々となぎ倒す。
ついにソウスケとの一騎打《いっきう》ち。

「よおーしゃっ！　とどめは炎《ほのお》のストッパー津田投手のど真ん中じゃーー！」

自他《じた》ともに認める五年生のエースも、
タカヒロの決め球をまともにくらって
弾き飛ばされ、ボールは転がっていった。

三年生たちが拍手喝采《はくしゅかっさい》した。
起き上がったソウスケは、無念《むねん》の形相《ぎょうそう》ながら、
なぜか晴れ晴れとした気分で言った。
「カープの守護神《しゅごしん》には勝てんのぉっ。またの出直しじゃーっ」

教室の窓から、一人の男の先生が勝負を見守っていた。

タカヒロの担任《たんにん》になったばかりのブツエン先生。二九歳である。

一九八五年春、三年生になったアライタカヒロは
誰よりも体格に恵まれているたくましい少年だった。
だがブツエン先生をこわがっていた。
クラスのだれもが先生を見つめていた。
「ニコニコ太陽」と「プンプン太陽」の似顔絵《にがおえ》が、教壇《きょうだん》の上に貼《は》られていた。
「ニコニコ太陽」の時は、満面《まんめん》のほほえみをたたえている。
「プンプン太陽」の時には、炎を噴《ふ》き出《だ》すように怒りだす。
一瞬にして教室は静まりかえってしまう。

一年生の時からタカヒロは有名だった。暴れん坊として、先生たちも手を焼いていた。

だが担任になったブツエン先生には、彼が頼もしい子であることがすぐわかった。

授業中も長身の頭は一つ飛び出している。

にらみつけるような真剣な表情で授業に聴き入っている。わからないことはすぐに質問する。

何人もが異なる意見を述べて、ふさわしい答えがなかなか見出せない時に、
納得のいく結論を示すこともあった。成績は真ん中ぐらいだが、存在感《そんざいかん》があった。

全力麦
「一念発起」
思い立ってあることを成しとげようとすること

誰よりも腕っぷしが強いタカヒロだったが、弱い者いじめだけは許さなかった。
いじめっ子はこてんぱんにやっつけてしまう。
その一方で、マサルをかばい続けたことは印象的《いんしょうてき》だった。
マサルはのんびり屋で、とても泣き虫なので、
よくからかわれていじめられていた。
だがマサルをいじめようとする子に対しては、自《みずか》らが相手をするようになった。
マサルはそれ以来ぴったりとくっつくようになり、もういじめは不可能になった。
他のクラスからも、いじめっ子をやっつけるために
タカヒロにすけだちが求められてくるようになった。

三年二組の子どもたちは、いつも元気にあふれている。
四〇人の児童は騒がしいが、先生の一声で集中《しゅうちゅう》する。
　ニコニコ、プンプン、ブツエン先生
　ブツブツ、ブッちゃん、ブツエン先生
先生はクラス全員の子を気にかけていた。だれもがいきいきしたクラスをめざしたい。
そのためにはクラスのリーダーが必要だ。その一人としてタカヒロに期待《きたい》していた。

夏の水泳記録会でのこと。

クラスでスイミングスクールに通っているのは、ジュンイチただ一人。

この飛び抜けた名スイマーに挑戦状《ちょうせんじょう》を突きつけたのは、タカヒロだった。

「おいジュンイチ！　おまえはちいと泳げる思うて鼻を高《たこ》うしとるけど
今日はそうはいかんで――。今日はしごうしちゃるけぇ（やっつけるから）覚悟《かくご》せえよ」

クラスの大半が二五メートル泳ぐのが精一杯《せいいっぱい》である中で、
先生は学校のプールで猛練習《もうれんしゅう》してきたタカヒロの努力と上達《じょうたつ》を知っていた。

「よっしゃあ、行けるところまで二人で勝負してみい」

郵 便 は が き

料金受取人払郵便

広島東局
承 認
5803

差出有効期間
平成30年12月
9日まで

期間後は
切手を
お貼り下さい

7 3 2 8 7 9 0

012

広島市東区山根町27-2

南々社

「新井貴浩物語」編集部 行

□□□-□□□□	ご住所		
			男 女
ふりがな お名前		Eメール アドレス	
電子メールなどで南々社の新刊情報等を 1. 希望する 2. 希望しない			
お電話 番 号	（ ） ー	年齢	歳
ご職業	1. 会社員 2. 管理職・会社役員 3. 公務員・団体職員 4. 自営業 5. 主婦 6. シルバー世代 7. 自由業 8. 学生 9. その他（ ）		
今回お買い上げの書店名 市区 町村 書店			

このたびは、南々社の本をお買い上げいただき、誠にありがとうございました。今後の出版企画の参考にいたしますので、下記のアンケートにお答えください。ご協力よろしくお願いします。

書　名	新井貴浩物語

Ⅰ．この本を何でお知りになりましたか。

1．新聞記事（新聞名　　　　　　　　）　2．新聞広告（新聞名　　　　　　　　）
3．テレビ・ラジオ（番組名　　　　　　　　）　4．書店の店頭で見つけて
5．インターネット（サイト名　　　　　　　　）
6．人から聞いて　7．その他（　　　　　　　　）

Ⅱ．本書についてご感想をお聞かせください（この本の中で一番印象に残った話など）。

Ⅲ．今後、お読みになりたい企画がありましたら教えてください。

Ⅳ．最近お読みになって面白かった本をお書きください。

ご提供いただいた情報は、個人情報を含まない統計的な資料を作成するために利用いたします。

あらい

スタート直後から力の差は歴然《れきぜん》としていた。

ジュンイチは流れるような泳法《えいほう》のクロールで大差をつけていく。

級友たちはあまりの速さに唖然《あぜん》としていた。

対するタカヒロはひとかきするたびに大きな波がバシャバシャと立って、
お世辞《せじ》にもカッコいいとは言えない。

けれどそのがむしゃらな泳ぎに女子から黄色い声援《せいえん》が飛び始めた。

ジュンイチがあっという間に二キロを泳ぎきった時、
まだ八〇〇メートルだったがあきらめない。死《し》に物狂《ものぐる》いで泳ぎ続ける。

初めは段違《だんちが》いの力の差を馬鹿《ばか》にして冷ややかだった男子も一人、二人と身を乗り出してくる。


「タカヒロ、がんばれ。ジュンイチに負けるな」


応援はクラス一丸《いちがん》の声となってタカヒロに集まった。

さすがのタカヒロも一キロをすぎたあたりで、ついに力尽きた。

何人かの悲鳴《ひめい》が響《ひび》いた。限界《げんかい》まで挑戦《ちょうせん》した敢闘精神《かんとうせいしん》に大きな拍手が沸《わ》き起《お》こった。


「ようやった！」

「すごいでタカヒロ！」

だが、足がついて水面から顔を上げたタカヒロを見て、誰もが眼を疑った。
一キロ以上も泳ぎきり声援も独《ひと》り占《じ》めしたのに高々とガッツポーズする姿はなく、
プールの真ん中で仁王《におう》立《だ》ちして肩を振るわせ、真っ赤な顔で悔し泣きしているのだった。

勉強もからだの鍛錬《たんれん》も大切である。同時に誰《だれ》もが本好きの子どもになってほしい。

学級文庫をつくろうと思い立った先生は、蔵書《ぞうしょ》を教室に運んだ。新たに本も買い入れた。

大好きな宮沢賢治《みやざわけんじ》の絵本、愛読する中沢啓治《なかざわけいじ》の漫画《まんが》『はだしのゲン』も全巻《ぜんかん》そろえた。

子どもたちは奪い合うようにして読みふけった。

タカヒロは『はだしのゲン』に没頭《ぼっとう》した。放課後遅くまで教室に残って一心不乱《いっしんふらん》に読み続けていた。

友だちから「はよう帰って遊ぼうやあ」と声をかけられても
「ちょっと待って……」と言ったきり、日が沈むまで読むこともあった。


ある日、ブッエン先生がなぜそれほど夢中なのかと聞いてみた。

「読んでいると、とても元気になるんです」

まぶしいほど真剣《しんけん》なまなざしだった。


一九四五年八月六日、日本が戦争に負ける直前のこと。

アメリカ軍が広島市に投下《とうか》した原子爆弾《げんしばくだん》は建物も樹木も人も焼き尽くした。

広島の市街地《しがいち》は、多くの建物が原型《げんけい》をとどめずに消失《しょうしつ》してしまった。

閃光《せんこう》と熱線《ねっせん》と爆風《ばくふう》が人びとの命を奪い、七つの川がある広島市を廃墟《はいきょ》と変えてしまった。

同年暮れまでに一四万人もの人が亡《な》くなった。

ブッエン先生もタカヒロも、ともに祖父母が被爆していた。

ブッエン先生は、戦争と原爆のおそろしさを描《えが》いた本が星の数ほど存在《そんざい》していることはよく知っていた。

だが先生にとっても、『はだしのゲン』は身近な記憶が蘇《よみがえ》ってくる大切な本だった。


原爆で家族や友人を亡くして、食べ物も家もなく仕事も手にできない苦しみの中で小学生だったゲンは飛び抜けたたくましさで絶望《ぜつぼう》を乗りこえていく。

廃墟の中から必死で立ち上がった広島の人たちが描かれている。


一九五五年に生まれた先生は幼《おさな》い時、祖母や母からその話をよく聞いていた。

原爆未亡人《げんばくみぼうじん》となった祖母は、小さなお好み焼き屋を開いて小さかった母の姉妹を懸命《けんめい》に育てた。

だれもが生きていくのに必死であった。貧しさと生きることの辛《つら》さで自暴自棄《じぼうじき》になる人もいた。

その苦しみに負けまいという人たちがいた。


子どもたちは『はだしのゲン』が大好きだった。

タカヒロはゲンが乗り移った存在のように思えた。

ゲンと同じく強くたくましく、子どもたちが育っていけばすばらしい。

期待に胸を熱くする先生だった。

喜びと悲しみはいつも隣《とな》り合《あ》わせだ。

飛び込んできたニュースが誰《だれ》をも驚かせることになった。

タカヒロが三年生の終わりに転校するという。

先生も寝耳《ねみみ》に水《みず》だったので、大きなショックを受けた。

でもそれは動かしがたいことだった。

お別れ会で、クラスの一人ひとりがことばを贈《おく》った。

マサルはことばにつまって「行かないで」と叫《さけ》んで、タカヒロにすがりついた。

先生に肩をたたかれたマサルが今度は先生の胸に顔をうずめた。

いつか会えるかも、もう会えないかも。

それも隣り合わせで紙一重《かみひとえ》なのかもしれない。

新しい学校でも元気でいてくれることを祈るだけだ。


転校した学校でソフトボールや野球に打ち込むタカヒロの近況《きんきょう》が風の便りに届いてきた。

先生は四年生の担任として毎日精一杯の日々だった。

授業だけではない。

家庭訪問をしたり、平和集会を成功させるために準備をしたり、
早朝から夜までひたすら走り続ける日々だった。

いつの間にか八年という歳月《さいげつ》、三千日という時間が流れていった。
ブッエン先生はプラタナスのある学校に通い続けていた。
夏休みが近づいたある日の放課後《ほうかご》、事務室《じむしつ》の職員《しょくいん》があわててやってきた。

「真っ黒な大きな高校生がきています」

鴨居《かもい》に頭をぶつけそうにして職員室に入ってきた高校生がタカヒロであることはすぐにわかった。
人なつっこい笑顔は、どんなに体が大きくなっても三年生の時のままだった。

「先生、広陵《こうりょう》に勝ちました」

坊主頭《ぼうずあたま》をかきながらタカヒロは胸を張った。
甲子園《こうしえん》大会の常連《じょうれん》である、
二岡《におか》君や福原《ふくはら》君がいる広陵高校を県予選《よせん》で破ったという。
その大ニュースを報告《ほうこく》するためにわざわざ来校《らいこう》したのだ。
こうして二人の縁《えん》が復活《ふっかつ》することになった。

タカヒロもブツエン先生を忘れていたわけではない。
転校した新しい学校、さらに中学、高校をふりかえっても、
小学校三年生のクラスには楽しい思い出が残されていた。
だが過去の思い出に浸《ひた》ることはできなかった。
プロ野球選手になること、それが幼い頃からの変わらぬ夢だった。

とことん厳格《げんかく》な父にしつけられて育った。

野球へのふまじめな姿勢や両親に対する生意気《なまいき》な態度《たいど》は、許されなかった。

もしそんなことがあれば、父からは厳《きび》しく叱《しか》られる。母も悲しむ。

両親の期待を裏切《うらぎ》らないこと。それはたえず背負っている責任だった。


野球をきわめる道は、果てしなく遠い。

かつてドッジボールで五年生のソウスケに勝てたのは、タカヒロのパワーが全開《ぜんかい》したからだった。

中学と高校でも体格と体力は傑出《けっしゅつ》していた。

打球の飛距離《ひきょり》も一番である。でも当たらないことが多い。確実性《かくじつせい》には欠けていたのだ。
自分よりはるかに華奢《きゃしゃ》な体格でも、カーブを苦もなく打ち返し、
逆方向《ぎゃくほうこう》への鋭い打球を連発《れんぱつ》する選手がいた。

自分には野球センスが欠けている。
エラーの多い守備、確実性に欠ける打撃について引け目を感じていた。

一番になりたい。

そう決心して、
誰よりも長くノックを受けた。
打撃練習《だげきれんしゅう》には命をかけた。
だが簡単《かんたん》に壁《かべ》を破れなかった。
中学、高校時代は無名選手《むめいせんしゅ》のままだった。
猛練習《もうれんしゅう》を続けても
ぬかるみから抜け出せないような心境《しんきょう》が続いた。
苛立《いらだ》ちと不安も感じていた。
高校では主将《しゅしょう》だったので、
監督からきびしく叱られることも自身の役目だった。

野球は喜びであり、
苦しみでもあり続けた。

夜中に眼がさめて、打てない自分の姿に
ハッとすることもあった。
でも辛《つら》い時には、
両親を思って逃げずにがんばった。
『はだしのゲン』をよく思い出した。
命がけで生き抜いたゲンのように、
自分も死ぬ気でがんばりたい。
不器用《ぶきよう》な自分でも
いつかは開花《かいか》できる。

ゲンと同じく、
踏まれれば踏まれるほど強くなる
麦のように生きたい。

それがタカヒロの誓《ちか》いだった。

CARP
25

しかし、高校三年生のこの年、甲子園大会への出場は果たせなかった。

卒業後に進んだ駒澤《こまざわ》大学の野球部でも長らく茨《いばら》の道が続いたが、死に物狂いのがむしゃらな努力を続けた。


四年生の秋にドラフト六位で広島東洋カープに指名されたことに、仲間たちも驚いた。

ドラフトで指名される選手とは思っていなかったのだ。


プロ野球選手になっても、努力を怠《おこた》らないその姿勢は不変《ふへん》だった。

強《し》いられる練習に打ち込むことも大事であり、自ら目標を定めての自主練習《じしゅれんしゅう》も欠かさなかった。

少しずつ開花していくその才能にファンからの注目も集まった。

長打力《ちょうだりょく》を武器《ぶき》として短期間でレギュラー級になることは、周囲の予想を超えていた。

エラーや凡打《ぼんだ》を重ねても、辛抱強《しんぼうづよ》く出場の機会が与えられたことはとても幸運だった。

ブツエン先生にとっては、教え子の成長《せいちょう》と活躍《かつやく》は誇《ほこ》らしいことだった。
だが主力選手として成長して四番も任されながら、
二〇〇三年のタカヒロは厚い壁に跳《は》ね返《かえ》されていた。
スランプが続いて、四番から降格《こうかく》されてしまった。何とか励ましてやりたい。
教頭として勤務する小学校で、シーズン終了後にゲストとして招くことにした。

久しぶりに再会したタカヒロは、風格《ふうかく》のあるプロ選手へと成長していた。
一八年前の小学校三年生の時をしっかりと覚えていた。マサルの近況《きんきょう》も知りたがった。
仲間思いの姿と人なつっこい笑顔は、昔と少しも変わっていないのだ。
ブツエン先生はそのことが何よりも嬉《うれ》しかった。この日のために準備は万端《ばんたん》である。

全校児童が赤白帽の赤にカープのCを切り抜いた白紙《しろがみ》を貼って、
カープの応援歌《おうえんか》が流れる中、タカヒロを歓迎《かんげい》した。
六年生が「何があってもくじけない新井選手」を寸劇《すんげき》で表現した。
講演《こうえん》と野球指導の催《もよお》しは大成功し、新井選手応援歌で締めくくった。
帰り際、タカヒロは長蛇《ちょうだ》の列《れつ》でノートを差し出す
全校児童一人ひとりにサインをして、笑顔で握手を交わし続けた。

Carp
25

だが思わぬ困難《こんなん》が行く手に待ち構えていた。

二〇〇七年にタカヒロは
阪神《はんしん》タイガースに移籍《いせき》してしまう。

それを裏切《うらぎ》りだとみなしたカープファンは
一転《いってん》してきびしく非難《ひなん》するようになった。
自らの選択《せんたく》について
本人は弁解《べんかい》をしなかった。
精進《しょうじん》を続けてタイガースでも四番を担《にな》って、
プロ野球選手会会長としても
大いに活躍《かつやく》していく。

移籍してからも
ブツエン先生はタカヒロが心配だった。
阪神戦をたびたび観戦《かんせん》した。
甲子園に行くこともしばしばだった。

「アライのボケ、アホ、三振《さんしん》しろ」

容赦《ようしゃ》ないカープファンからの激しいヤジに、
複雑《ふくざつ》な思いになる。
どのチームでも教え子を応援し続けたい。
それが偽《いつわ》らざる気持ちである。

時には先生も落ち込むことがある。
そんな時に誰よりも支えになり、
励ましてくれるのは
タカヒロの存在だった。

子ども時代の輝《かがや》きを持っている
教え子のために、
お金では買えない贈り物をしたい。
ある時、良いアイデアを思いついて電話した。

「大好きな人に会わせたいんじゃけど、だれかわかるか？

三年生の時に好きだったマンガを描いた……」

「えっ、中沢啓治さんですか」

「大正解《だいせいかい》。でも今、入院しとってじゃけぇ。二人でお見舞《みま》いに行かんか」

「もちろん行きます」


ブッエン先生は勤務校《きんむこう》に中沢さんを講演で招いて以来、中沢さんと意気投合《いきとうごう》する間柄《あいだがら》だった。

先生にとっても、中沢啓治さんの作品は励ましを与え続けてくれていた。

こうして『はだしのゲン』の作者であり、

『広島カープ誕生《たんじょう》物語』でも有名な中沢啓治さんを、二人で広島市内の病院に訪ねることになった。

病室に入ると中沢さんの喜びようは半端《はんぱ》ではなかった。

タカヒロは自筆《じひつ》で「感謝《かんしゃ》」と書いたサイン入りのバットを中沢さんに贈った。


「今日はうれしいのぉ。病気がどっかにぶっ飛んでいきそうじゃ。

ホンマはカープにおってくれりゃあえかったけど、新井君は特別じゃ。

これからも応援するけぇ、がんばるんで」


病人とは思えないほど元気な口調で、中沢さんは語り始めた。

ゲンの体験した苦しみと悲しみは、まさに中沢さん自身の体験だった。

被爆後の苦しみを乗り越えて育ち、東京で苦労して漫画家になった。

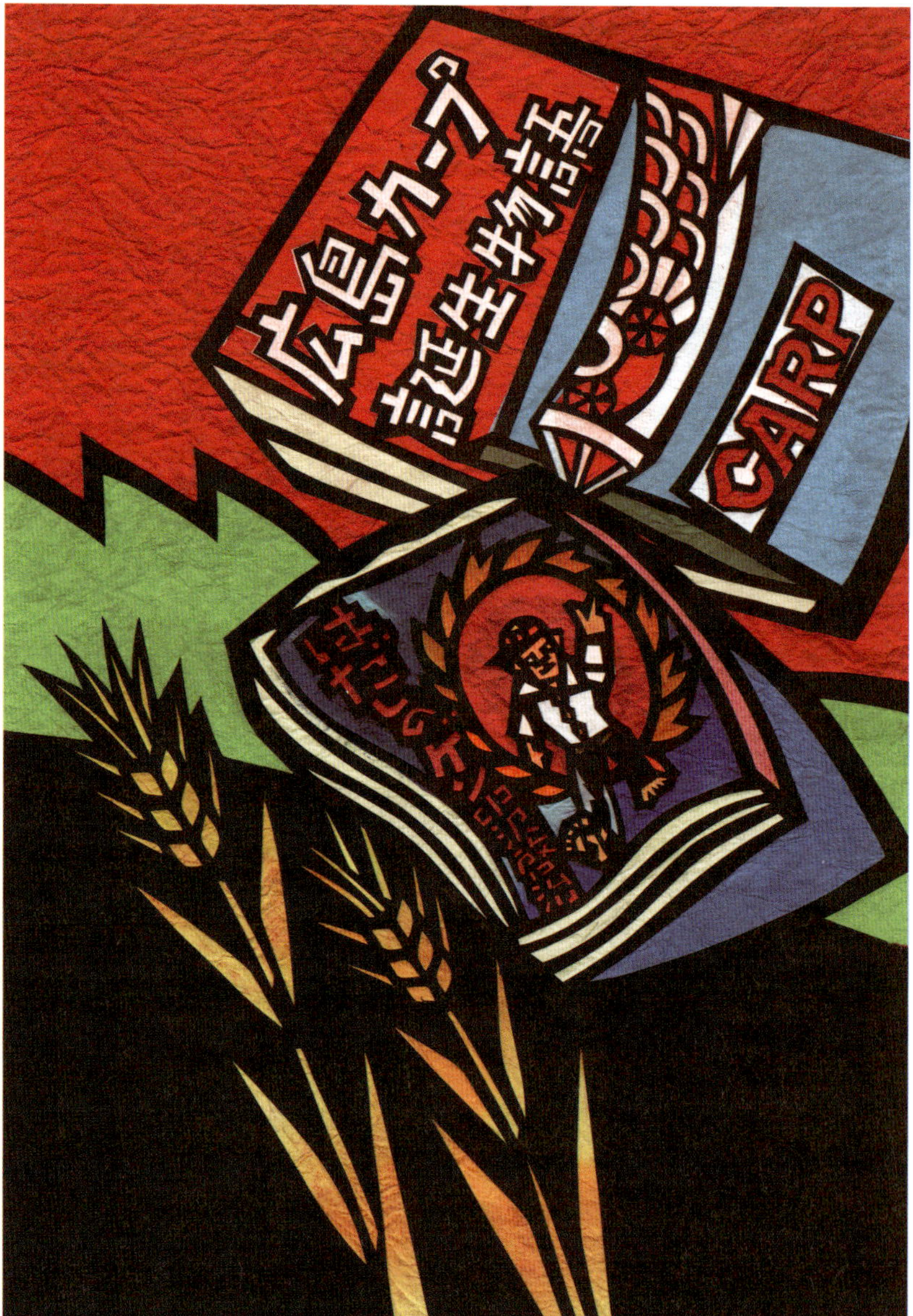
広島カープ
誕生物語
CARP

試練《しれん》に直面《ちょくめん》した中沢さんは、
何が支えだったのだろうか。

戦争や原爆への怒り、師《し》と仰《あお》ぐ手塚治虫《てづかおさむ》先生、映画、シャンソン……。
それらは漫画家《まんがか》をめざす中沢さんの原点《げんてん》であり、養分《ようぶん》であり、
勇気の源であることを熱く語ってくれた。

だが少年時代から最も愛してきたのは、
広島カープである。

廃墟《はいきょ》と化した広島から生まれた市民の球団。
存続《そんぞく》が危《あや》ぶまれる時期も
市民がお金を出しあって危機《きき》を乗り越えてきた。
中沢さんも球場で熱心に応援《おうえん》し続けてきた生粋《きっすい》のカープファンである。
カープを応援することで、自らが励まされ続けてきた。
タカヒロについても入団時から注目し、阪神移籍後に選手会長として
東日本大震災《だいしんさい》に向き合ってきたことにも、敬意《けいい》を持っていたという。

中沢さんの見開いた眼には力がこもっている。
不屈《ふくつ》の漫画家としての誇《ほこ》りがみなぎっていた。
小学校三年生のタカヒロが読みこんだ『はだしのゲン』、表紙がぼろぼろで手あかにまみれた一冊をブツエン先生が手渡すと、眼を細めるのだった。

「手あかのほとんどはタカヒロ君のものですよ」

中沢さんは妻のミサヨさんと何度も視線《しせん》を交《か》わしながらなで続けていた。

「漫画家冥利《まんがかみょうり》につきるね」

満面の笑《え》みがこぼれていた。タカヒロも緊張《きんちょう》した面持《おもも》ちでこの一冊への思いを語った。

病室から出ると、長身の面会者《めんかいしゃ》に気づいた看護師《かんごし》さんたちがかけよってきた。

「またカープに戻ってきてくださいね」

声をかけられると、タカヒロはていねいにおじぎをした。偉ぶらない、初々《ういうい》しさがあった。
中沢さんが退院した後に、三人でもう一度会うことができた。
この日も『広島カープ誕生物語』や『はだしのゲン』について話はもりあがった。

世代《せだい》の違う三人には共通点《きょうつうてん》があった。
何よりも野球を愛してきた。
戦争や原爆の悲劇《ひげき》が、二度とくりかえされてはならないと願っている。
時には逆境《ぎゃっきょう》にもめげず全力《ぜんりょく》で生きてきた。
中沢さんを励まそうとした二人が、
中沢さんの一言、一言によって逆に励まされる。
困難にめげずに努力していこうと思えるのだった。

ブツエン先生は、その時の感動を「逆境《ぎゃっきょう》・反骨《はんこつ》・全力《ぜんりょく》」と表現《ひょうげん》した。

これはタカヒロにとっても心に刻《きざ》み込《こ》まれることになった。
病気に負けずに生き続けるその姿が、二人にとっては今も思い出深い。
中沢さんは二〇一二年一二月一九日、七三歳で人生を全《まっと》うした。

「逆境」
「反骨」
「努力」
Hiroshin
25

Carp
28

タカヒロは二〇一五年のシーズンから広島カープに復帰《ふっき》した。
黒田投手のアドバイスも受けての決断《けつだん》だった。
春季《しゅんき》キャンプを前にしたある日、
タカヒロはブッエン先生が校長として勤務する小学校を訪ねた。
先生はまだ少し不安げなタカヒロに笑顔で声をかけた。

「心配せんでも自分らしゅう頑張ったらええ」

かつて激しくヤジを飛ばし続けたカープのファンたちは、
古巣《ふるす》への復帰をあたたかく迎えてくれた。

タカヒロはことばに尽くせないほど感謝した。

二〇一六年は二千本安打達成《たっせい》を目前《もくぜん》にして、
春季キャンプから猛練習を続けた。

「もうだめだ」と辛くなった時には、
「まだ（あきらめては）だめだ」と思い直す。

開幕から好成績を続けて
四月二六日には二千本安打を達成した。
インタビューでも謙虚《けんきょ》な姿勢は変わらなかった。
プロ入り後、エラーや凡打《ぼんだ》、
時には珍《ちん》プレーもくり返しながら、
いつの間にか名選手になってしまった。

「まさかのアライさん」

その飛躍《ひやく》の背後《はいご》には、
食事と睡眠《すいみん》以外はすべて野球に
専念する不断《ふだん》の努力があった。
逆境の時こそ
反骨精神《はんこつせいしん》で全力を尽くすという
生き方が貫かれていた。

野球人としてのタカヒロの道である。

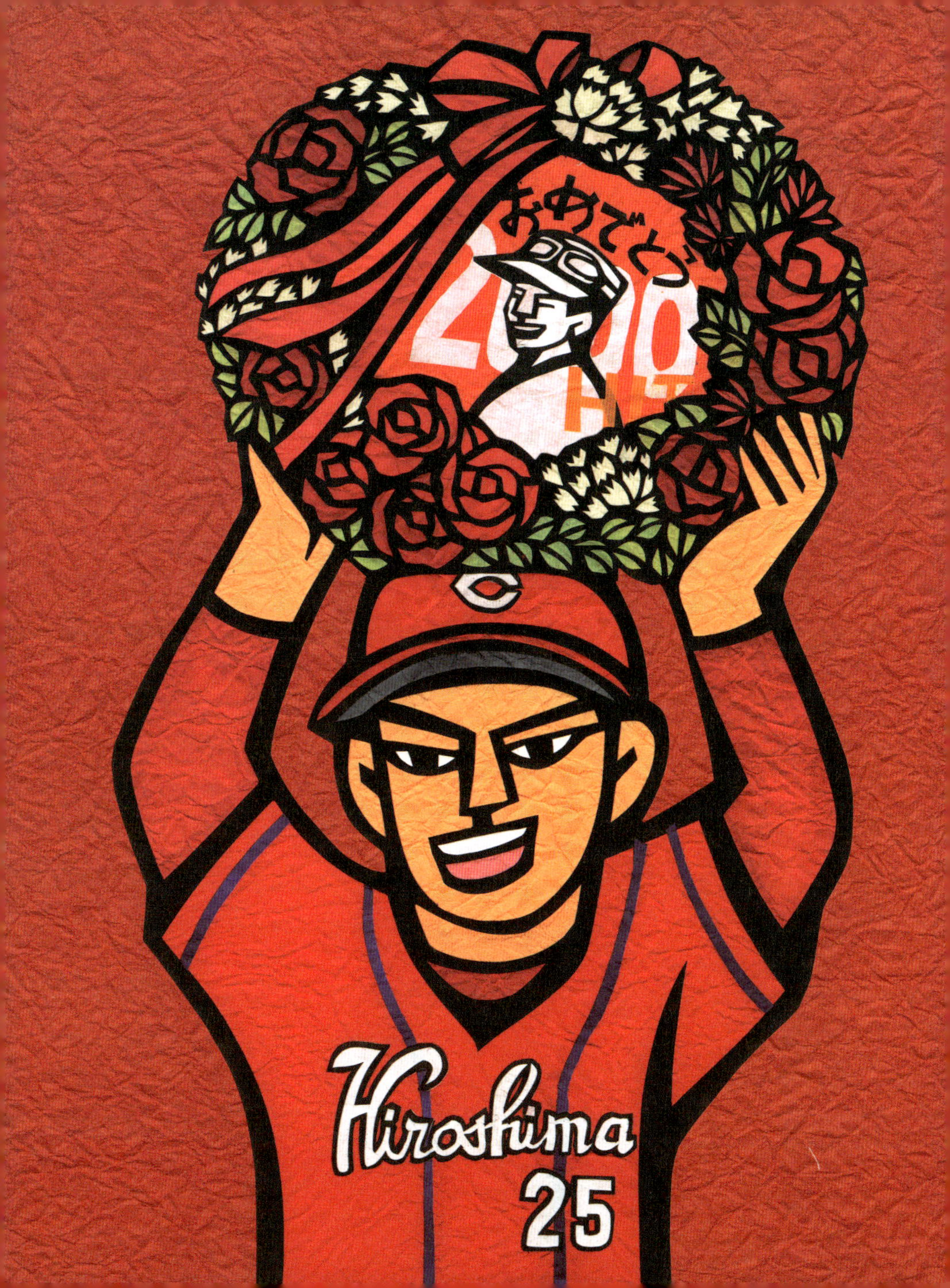
おめでとう
Hiroshima
25

二〇一六年のシーズンは、
タカヒロの二千本安打、
黒田投手の日米通算《にちべいつうさん》二百勝の
達成という大ニュースだけではない。
投攻守《とうこうしゅ》とも前年より
成長したチーム力で、
九月十日、ついに二五年ぶりの
リーグ優勝を勝ちとることができた。

RODA
Carp
25
15

25

Hiroshima

Carp
25
Arai
25

ブッエン先生は頻繁《ひんぱん》にマツダスタジアムに通い続けた一年だった。
六〇歳になった今も若さは失わない。全力で生きている。
逆境、反骨、全力。
タカヒロと中沢さんと約束《やくそく》した人間としての誓いである。
その思いを消し去ることはできない。
場内のアナウンスに耳をかたむける。

「四番ファースト新井　背番号25」

バッターボックスに向かうその姿を見ながら、
背番号がかすかに揺《ゆ》れているように見える。
涙がこぼれないように、先生は薬指《くすりゆび》で目元を押さえた。
次の瞬間《しゅんかん》、快音《かいおん》が発せられた。
打球は左《さ》中間《ちゅうかん》を深々と破った。

歓声の中で、
タカヒロは全速力で一塁ベースを回って二塁をめざしている。
満員のスタジアムに赤が揺れている。

新井
ARAI
25

◎本書の主な登場人物

新井貴浩（あらい たかひろ）

1977年広島市生まれ。広島東洋カープ内野手。広島県立広島工業高等学校、駒澤大学卒業。1998年ドラフト6位で広島東洋カープ入団。後に4番打者としてチームを牽引。2005年本塁打王。2007年に阪神に移籍して7季を過ごす。2008年北京オリンピック代表。2008～2012年、日本プロ野球選手会会長。2014年秋にカープに復帰。2016年4月2000本安打達成。25年ぶりのリーグ優勝に貢献。2016年広島県民栄誉賞、広島市民賞受賞。

中沢啓治（なかざわ けいじ）

1939～2012年。漫画家。広島市生まれ。国民学校1年生で被爆し、父と姉と末弟を喪う。手塚治虫に憧れて漫画家を志望。被爆体験を基に描いた代表作『はだしのゲン』は累計一千万部を超えるベストセラー。十数カ国語に翻訳される。球団創設時からの熱狂的なカープファン、『広島カープ誕生物語』も愛読され続けている。2007年広島市民賞受賞。

佛圓弘修（ぶつえん ひろのぶ）

1955年広島県生まれ。新井貴浩選手の小学校3年生時の担任教師として一年間ともに過ごす。広島市内の小学校・教育委員会勤務を経て2016年3月定年退職。同年4月より広島都市学園大学子ども教育学部教員。臨床教育学、人権教育、平和教育。

◎著者紹介

作・中野　慶（なかの けい）

児童読み物作家。1957年東京都で生まれる。長年の出版社勤務を経て、現在は執筆に専念。佛圓先生との出会いによって本書を構想する。主著はアトピー性皮膚炎の少年と被爆者との出会いの物語である『やんばる君』（童心社、現在品切れ）。川崎市在住。

絵・吉田路子（よしだ みちこ）

切り絵作家。1958年岩手県花巻市生まれ。宮沢賢治の心象風景と東北の風土を創作切り絵で表現し続ける。独特の曲線を活かした切り絵と染め和紙を用いて作った柔らかな色彩は個性的作風でファンも多い。賢治童話の語り部としての活動にも磨きがかかっている。呉市在住。

◎協力

広島東洋カープ

◎Special Thanks

エイベックス・スポーツ株式会社
佐藤ひろみ

ひだか和紙有限会社

◎写真

みづま工房

新井貴浩物語

がむしゃらに前へ

2016年12月20日　初版第1刷発行
2016年12月25日　初版第2刷発行

作　　中野　慶
絵　　吉田路子
発行者　西元俊典
発行所　有限会社 南々社
　　　広島市東区山根町27-2 〒732-0048
電　話　082-261-8243　FAX　082-261-8647
振　替　01330-0-62498

装　　幀　スタジオ ギブ
印刷製本所　株式会社 シナノ パブリッシング プレス

ISBN978-4-86489-58-8